Ludwig Köhler
O Pequeno Pianista
Op. 189

40 Recreações para Principiantes

PARA PIANO

Nº Cat.: 58-M

Irmãos Vitale Editores Ltda.
vitale.com.br
Rua Raposo Tavares, 85   São Paulo SP
CEP: 04704-110   editora@vitale.com.br   Tel.: 11 5081-9499

© Copyright 1947 by Irmãos Vitale Editores Ltda. - São Paulo - Rio de Janeiro - Brasil.
Todos os direitos autorais reservados para todos os países. *All rights reserved.*

Dados Internacionais de Catalogação na Publicação (CIP)
(Câmara Brasileira do Livro, SP, Brasil)

Köhler, Ludwig
   O pequeno pianista, op. 189 : 40 recreações para / principiantes / Ludwig Köhler. -- São Paulo : Irmãos Vitale

   ISBN 85-85188-20-0
   ISBN 978-85-85188-20-7

   1. Piano - Estudo e ensino 2. Piano - Música I. Título.

96-3335   CDD- 786.207

Indices para catálogo sistemático:

1. Piano : Música   786.207.

O PEQUENO PIANISTA

Op. 189

40 recreações para principiantes

L. KÖHLER
(1820 - 1886)